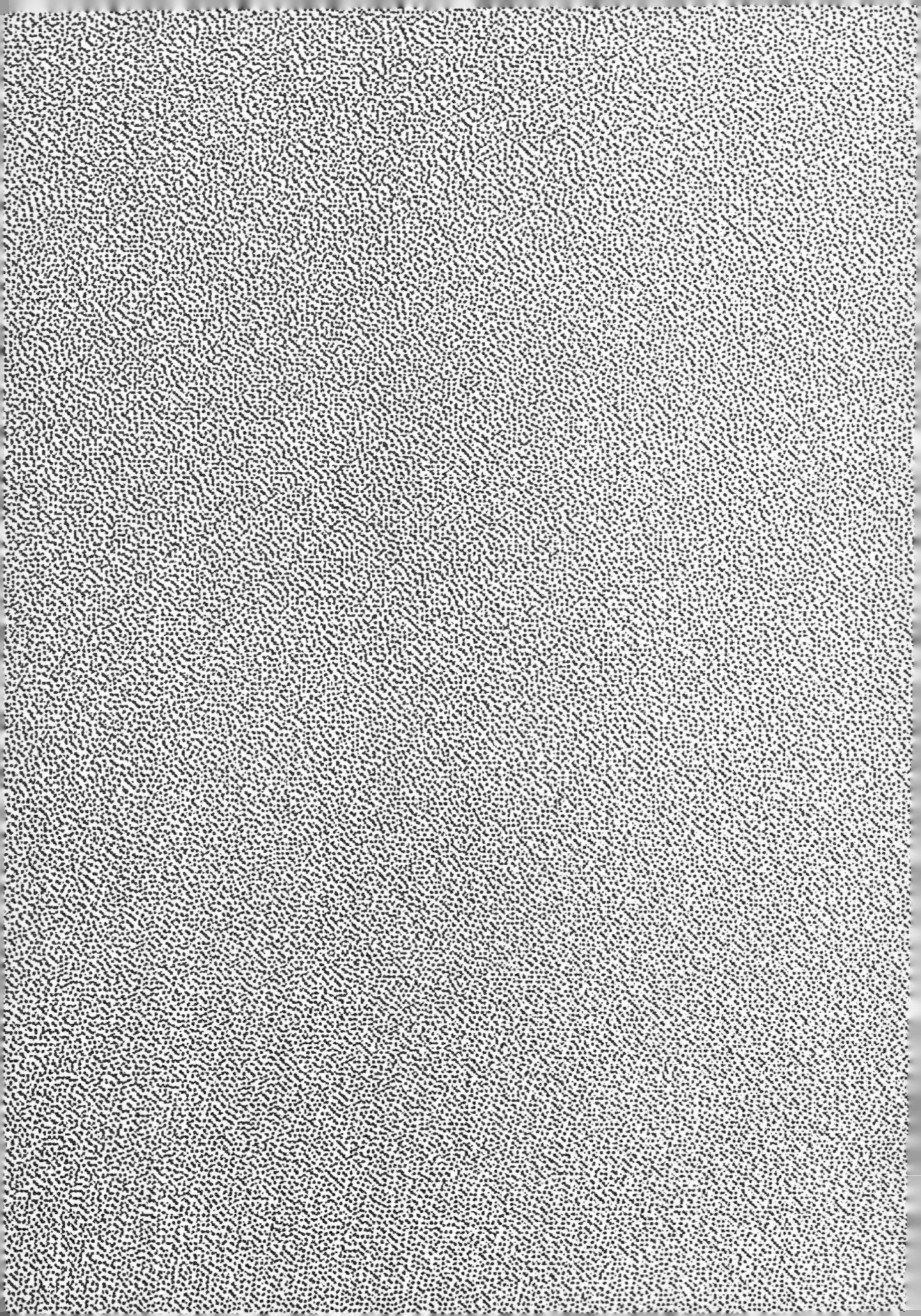

Inhalt

ZUR DIALEKTIK DES SOCIAL DESIGN

Ästhetik und Kritik in Kunst und Design

Daniel Martin Feige

Trotz der in jüngeren Debatten der Designforschung oft verwischten Grenze zwischen Kunst und Design lässt sich gerade anhand der Frage, wie das emanzipatorische Potential der Kunst im Unterschied zu demjenigen des Designs einzuschätzen ist, die Differenz beider besonders deutlich herausarbeiten. Ich möchte mich mit den folgenden Überlegungen der Frage in zwei Schritten nähern, inwieweit die unter dem Label des „Social Design" vollzogenen jüngeren Entwicklungen in der Designpraxis tatsächlich als emanzipatorisches Projekt verstanden werden können, anstatt sie als bloßes „Social Washing" zu begreifen. In einem ersten Schritt (I.) werde ich eine begriffliche Unterscheidung zwischen Kunst und Design hinsichtlich der Frage vorschlagen, wie in ihnen jeweils das Ästhetische und das Ethische zusammenhängen. Ich werde dafür argumentieren, dass die prekäre Einheit des Ästhetischen und Ethischen im Design anders als in der Kunst dadurch aufgebrochen ist, dass Design in ganz handgreiflicher Weise in den

Sinn unserer alltäglichen wie außeralltäglichen Praktiken eingeht. Kunst realisiert als Kunst immer schon ein kritisches Potential, wohingegen im Design das Ethische durch seinen Bezug auf unsere außerästhetische Praxis grundsätzlich von der Gefahr heimgesucht ist, einfach nur eine Verlängerung des Bestehenden zu sein. Im zweiten Teil (II.) werde ich diese Überlegungen hinsichtlich des Social Design ausbuchstabieren. Ich werde dafür argumentieren, dass Social Design keineswegs bereits aufgrund der Art und Weise, wie es verfährt – als eher mikrologische Praxis, die sich in bestehende soziale Kontexte und Milieus im Rahmen ganz konkreter Herausforderungen einschreibt –, per se auf der richtigen Seite steht: Gerade weil Social Design nicht allein ein *normatives* Projekt ist, das nämlich das Soziale im Sinne einer anderen und besseren Gesellschaft in ganz konkreten Kontexten zu realisieren versucht, sondern weil es zugleich ein bestimmtes *Verfahren* meint, dass das in einer tendenziell mikrologischen wie partizipativen Gestaltung von sozialen Praktiken geschehen soll, entwickelt es eine Dialektik zwischen beiden, im Rahmen derer es droht das Gegenteil dessen zu realisieren, was es beansprucht zu tun. Diese Gefahr ist meines Erachtens keine Gefahr, die dem Social Design im Sinne einer Störung von außen zustößt oder schlicht allein für unvollkommene Einlösungen der Idee des Social Design charakteristisch wäre. Im Sinne eines dekonstruktiven Manövers möchte ich vielmehr festhalten, dass diese Gefahr noch die produktiven Praktiken im Social Design heimgesucht hat. Wenn etwas am Social Design tatsächlich emanzipatorisch sein sollte, dann ist es das Moment, dass es gerade aufgrund der Dialektik von Norm und Verfahren niemals auf der sicheren Seite sein kann – und sich sogar als Design zur Disposition stellen muss.

I. Kunstkritik und Kritik des Designs

Ich beginne mit einer These, die im Folgenden die Leitlinie für meine Überlegungen abgeben wird. Sie lautet: *Kunst ist Kritik, Design bedarf der Kritik*. Diese These ist als These zunächst natürlich zugespitzt, kontrovers und vielleicht gar unverständlich.[1] Ich möchte anhand einiger Bemerkungen zu den drei Begriffen (i) „Ästhetik", (ii) „Form" und (iii) „Kritik" verständlich machen, warum ich mich auf sie festlege und auf was ich mich hier genau festlege. Im Hintergrund der folgenden kurzen Überlegungen, die einer Bestimmung des Unterschieds von Kunst und Design gelten und die die Grundlage meines Nachdenkens über Fragen des Social Design darstellen, steht in jedem Abschnitt ein Autor, auf dessen Einsichten ich mich in diesen Überlegungen jeweils dezidiert verpflichte: im Abschnitt zur Ästhetik Kant, im Abschnitt zur Form Hegel und im Abschnitt zur Kritik Adorno.

Erstens einige Bemerkungen zum Begriff der Ästhetik (i): Sowohl Kunstwerke als auch Designgegenstände sind irreduzibel *ästhetische* Gegenstände. Das heißt: Wer nicht auch auf die ästhetischen Eigenarten solcher Gegenstände Bezug nimmt, nimmt auf sie *gar nicht* als auf die Gegenstände, die sie sind, Bezug. Eine ästhetische Beschreibung dieser Gegenstände lässt sich nicht explanatorisch auf andere Beschreibungen reduzieren. Alles hängt hier natürlich davon ab, was man unter dem Begriff der Ästhetik genauer versteht. Schon in der Philosophie ist keineswegs unumstritten, womit sich die Ästhetik genauer beschäftigt; heiße Kandidaten sind und waren etwa Schönheit, Sinnlichkeit und Kunst. Im Kanon der philosophischen Teilbereiche hat sie nicht zuletzt deshalb einen politisch schwierigen Stand, weil sie immer auch die Frage stellt, wie sich die anderen Bereiche zueinander verhalten: Es ist keine große Übertreibung, wenn man sagt, dass Kants *Kritik der Urteilskraft*, die seine Ästhetik entwickelt, nicht zuletzt eine Antwort darauf ist, wie genau sich seine theoretische zu seiner praktischen

Philosophie, seine *Kritik der reinen Vernunft* zu seiner *Kritik der praktischen Vernunft* verhält. Es scheint mir für weite Teile der Designforschung charakteristisch zu sein, dass sie die Fragen und Probleme, die mit dem Ästhetikbegriff zusammenhängen, überhaupt nicht sieht, noch den Diskussionsstand in der Ästhetik hinreichend zur Kenntnis genommen hat. Ich möchte festhalten, dass der in vielen Bereichen der Designtheorie und -forschung verbreitete Gedanke, dass das Ästhetische des Designs letztlich identisch mit der sinnlichen Anmutung der entsprechenden Gegenstände oder der Schönheit ihrer Form sei, schlichtweg abwegig ist.[2] Obwohl es mir dezidiert darum geht, an dieser Stelle die Differenzen zwischen Kunst und Design herauszuarbeiten, lassen sich hier zunächst einmal Argumente anführen, die aus dem Kontext der Kunsttheorie stammen: Wie nicht erst die aktuellen Entwicklungen der Kunst – von der partizipativen Kunst bis hin zum Aufschwung des Fotografischen und

Dokumentarischen –, sondern bereits die Existenz der Literatur zeigt, erweist sich der Begriff des Sinnlichen als unzureichend, um alles Relevante, was unter den Kunstbegriff fällt, in den Blick zu bekommen.[3] Angesichts vieler Kunstwerke wie Designgegenstände spielt die Kategorie des Sinnlichen keine größere Rolle, als sie in sonstigen Wahrnehmungs- und Handlungskontexten spielt; eigentlich alles, was Menschen tun, hat etwas mit ihrer sinnlichen Natur zu tun, sodass dieser Begriff die Spezifik der Kunst und des Designs nicht klären kann. Die Vermischung der kunsttheoretischen Tradition mit dem Sensualismus, von der auch weite Teile der Designtheorie noch infiziert sind, erweist sich somit als toxisch. Wollte man den Begriff des Sinnlichen retten – oder auch den Begriff des Schönen, der von vergleichbaren Kritikpunkten betroffen ist –, so muss man von vornherein in Rechnung stellen, dass das Sinnliche und das Schöne als Bestimmungen des Ästhetischen der Kunst ein *anderes* Sinnliches und ein *anderes* Schönes gegenüber dem Sinnlichen und dem Schönen, wie es außerhalb der Kunst vorkommt, wären. Und wiederum wären das Sinnliche und das Schöne des Designs – wenn wir denn so reden wollen würden – ein anderes Sinnliches und ein anderes Schönes gegenüber dem Sinnlichen und Schönen der Kunst. Dieses Manöver ist aber weiterhin nicht vor dem Kritikpunkt gefeit, dass sowohl der Begriff des Sinnlichen mit Blick auf die Literatur wie mit Blick auf Fragen des Transportation Design und selbst der Typografie herkömmlicher Romane nur von eingeschränkter Informativität ist, wie der Begriff des Schönen angesichts von Abject Art und Body Art ebenso unpassend wäre wie mit Blick auf das Design gynäkologischer Untersuchungsinstrumente oder – aus anderen Gründen – rechtsextremistische Botschaften transportierender Plakate.

Ich möchte demgegenüber hinsichtlich einer Grundbestimmung des Ästhetischen mit Kant festhalten: Das Ästhetische meint eine *besondere Form des Urteilens* und damit eine *besondere Ausübung unserer begrifflichen Vermögen*, die uns zu den Lebewesen machen, die wir sind.[4] Die Besonderheit des ästhetischen Urteilens besteht darin, dass wir uns in einem solchen Urteilen reflexiv auf etwas Besonderes *als* Besonderes beziehen. Mit Reflexivität ist hier nicht gemeint, dass sich die beurteilten Gegenstände in ihren ästhetischen Prinzipien selbst thematisieren würden. Vielmehr ist es das ästhetische Urteil, das derart reflexiv ist, dass es sich nicht erkennend auf den ästhetischen Gegenstand bezieht, sondern ihn vielmehr danach beurteilt, ob seine Wahrnehmung für das Subjekt lustvoll ist oder nicht. Ich möchte entsprechend festhalten: Das Ästhetische beginnt dort, wo wir Gegenstände, Situationen, Personen, Ereignisse und so fort nicht länger subsumptiv und summarisch behandeln, sondern wo wir sie in ihrer Singularität vernehmen. Das kann in vielen Fällen etwas mit sinnlich vernehmbaren Aspekten zu tun haben, in einigen Fällen aber nicht – die Eleganz eines mathematischen Beweises betrifft seine Spezifik als die Art und Weise, wie er durchgeführt ist im Zusammenhang mit dem, was hier durchgeführt ist, aber sicher nur in sehr exotischen Kontexten sinnliche Qualitäten etwa seiner Typografie. Der Begriff des Besonderen setzt allerdings den Begriff des Allgemeinen voraus – und damit Begriffe, denn sie sind das Allgemeine. Vom Ästhetischen als einer Form des Urteilens zu sprechen, meint deshalb, dass die Aufmerksamkeit für das Besondere *als* Besonderes selbst eine *besondere Form* des Begrifflichen ist – eine Ausübung begrifflicher Vermögen, die just die Besonderheit dessen, an dem sie zum Tragen kommt, in den Blick nimmt. Der Gedanke, dass das Ästhetische im Überschreiten oder Aussteigen aus begrifflichen Bestimmungen zu erläutern wäre, muss damit zurückgewiesen werden: Wie in unserem erkennenden Umgang mit der Welt sind auch im lustvollen

Vernehmen von ästhetischen Aspekten der Welt unsere begrifflichen Vermögen im Spiel – aber sie sind eben nicht derart im Spiel, dass es uns um einen bestimmenden und damit subsumptiven Zugriff auf das, was wir hier wahrnehmen, gehen würde.

Zweitens einige Bemerkungen zum Begriff der Form (ii): Meine bisherigen Überlegungen zur Ästhetik sind in folgendem Sinne noch selbstwidersprüchlich: Wenn es im Ästhetischen um eine Beurteilung des Besonderen *als* Besonderes geht, so muss auch *die Besonderheit der Art von Gegenständen,* die jeweils beurteilt wird, in die ästhetische Theorie in angemessener Weise eingehen. Ich meine das wie folgt: Das Problem der kantischen Ästhetik ist letztlich, dass sie ihrer Grundanlage nach nicht angemessen zwischen Kunstwerken, Naturerfahrungen und Gegenständen der Gestaltung unterscheiden kann.[5] Die Verschiedenheit der Arten von ästhetischen Gegenständen wird auch dann, wenn Kant zu Recht sieht, dass das ästhetische Urteil kein subsumptives Urteil ist, also nicht ein Besonderes einfach unter ein Allgemeines subsumiert – diesen in unserer Wahrnehmung gegenwärtigen Baum unter den *Begriff* des Baumes, dieses in der Wahrnehmung gegenwärtige Plakat unter den *Begriff* des Plakats –, selbst gewissermaßen subsumptiv behandelt: Das Besondere kennt keine kategorialen Einteilungen. Man könnte gegen diesen Einwand einwenden, dass, wenn es im Ästhetischen doch um eine Beurteilung des Besonderen als Besonderes gehen soll, solche kategorialen Unterschiede auch gar keine Rolle spielen *dürfen*. Und ist es nicht plausibel, zu sagen, dass wir, wenn wir im Museum stehen, oftmals gar nicht so recht wissen, was für eine Art von Gegenstand wir hier vor uns haben? Auch wenn das prinzipiell plausibel sein mag und ich sogar dafür argumentieren würde, dass allen ästhetischen Gegenständen wesentlich ein Moment der Unbestimmtheit und des Unbestimmbaren zukommt, so wäre die Situation doch ziemlich schief erläutert, wenn wir das deshalb sagen würden, weil wir diese Gegenstände alle in ihrer Singularität vernehmen. Denn dieser Gedanke übersieht folgende Dialektik des Begriffs des Besonderen: Ein Besonderes kann kein *schlechthin* Besonderes ohne jede weitere Qualifikation sein, denn dann wäre jedes Besondere ununterscheidbar und damit *in Wahrheit ein schlechtes Allgemeines*. Soll es um das bloß Besondere gehen, so ist es ununterscheidbar von etwas, das bloß noch das Allgemeine ist.[6] Hegel hat deswegen eingeklagt, dass wir das ästhetische Urteil so verstehen müssen, dass es nicht einfach eine Form ist, sondern diese Form gewissermaßen mit Inhalten sedimentiert ist.[7] Kunst ist nicht einfach etwas, was sich abstrakt unter Rückgriff auf die Definition einer Urteilsform angeben lässt, in der auch Natur und Design noch Platz haben. Das ästhetische Urteil ist als Urteilsform nicht homogen, sondern kennt selbst verschiedene Ausprägungen im Sinne *verschiedener Arten und Weisen, auf die*

Gegenstände ästhetisch sein können. Solche Formen lassen sich als *Praxisformen des Ästhetischen* kennzeichnen: als geschichtlich gewordene, kollektive und in ihrem Sinn offene Tätigkeiten im Sinne des Erfahrens, Gebrauchens und Betrachtens der Kunst, des Designs und der Natur. Design und Kunst wären dann nicht zunächst einmal Gegenstände, die dann noch einige ästhetische Eigenarten hätten. Kunst, Design und Natur sind formal dahingehend unterschieden, dass sie *auf verschiedene Weise ästhetisch sind.* „Ästhetisch" meint keine gemeinsame Eigenschaft von Kunst und Design, sondern gewinnt in Kunst und Design einen formal je anderen Sinn.

Ich möchte diesen Gedanken kurz noch genauer erläutern, da mir klar ist, dass er nicht einfach zu verstehen ist. Wenn ich sage, dass Kunstwerke und Designgegenstände nicht derart ästhetisch sind, dass sie Gegenstände sind, die verschiedene ästhetische Eigenschaften haben – etwa

„freie" im Kontrast zu „funktionalen", was immer so etwas sein mag –, sondern dass Kunstwerke und Designgegenstände auf verschiedene Weise ästhetisch sind, so möchte ich den Kontrast zwischen beiden grundsätzlich im Geiste dessen verstanden wissen, wie der Begriff des „Lebens" in aktuellen Debatten des Neoaristotelismus erläutert worden ist: nämlich als Formbegriff und nicht als Inhaltsbegriff. Um gleich Missverständnisse auszuräumen: Ich sage damit natürlich nicht, dass Kunstwerke oder Designgegenstände Träger von Lebensformen sind, was einfach Unsinn wäre. Mich interessiert an diesen Debatten vielmehr, dass es ihnen gelingt, „Lebendiges" so zu erläutern, dass sowohl die Gemeinsamkeit zwischen Tier und Mensch als auch der kategoriale Unterschied zwischen beiden deutlich wird. Matthew Boyle hat in seinem Aufsatz *Wesentlich vernünftige Tiere* überzeugend gezeigt, dass wir der klassisch aristotelischen Auffassung nach die Vernunft des Menschen nicht als eine zusätzliche

Eigenschaft oder gar durch einen zusätzlichen raumzeitlichen Gegenstand verstehen können, die der Mensch gegenüber dem Tier und der Pflanze aufweisen würde. Entgegen einem solchen Schichtkuchenmodell, demzufolge zu dem, was vermeintlich grundlegender wäre – unsere animalische Seite –, noch ein weiteres und von diesem analytisch unterscheidbares Moment – unsere vernünftige Seite – hinzukäme, schlägt Boyle folgende Auffassung vor: Haben wir es mit dem Menschen zu tun, so ist natürlich auch dieser ein Tier – aber „das, was es bedeutet, ein Tier zu sein, [wird hier] grundlegend transformiert [...], wenn Vernunft im Spiel ist. ‚Vernünftig' ist ein Prädikat, das vom Tier abgrenzt, und nicht der Name von Eigenschaften, über die bestimmte Tiere verfügen, weil das, was vernünftig ist, sich in seiner Weise, ein Tier zu sein, unterscheidet von dem, was nichtvernünftig ist."[8] Entsprechend sind Pflanze, Tier und Mensch nicht dahingehend lebendig, dass sie alle gemeinsame Eigenschaften teilen und sich dann noch in einigen Eigenschaften unterscheiden, die sie im Sinne einer Definition anhand jeweils notwendiger und zusammen hinreichender Bedingungen definieren würden. Vielmehr weisen Pflanze, Tier und Mensch eine jeweils andere *Form des Lebendigseins* auf, die in der „Möglichkeit einer anderen Form der Prädikation von Eigenschaften des Lebendigseins" besteht.[9] Pflanze, Tier und Mensch sind, kurz gesagt, *disjunktive* Bestimmungen des Lebendigseins in dem Sinne, dass sie verschiedene Arten des Lebendigseins meinen.

Warum dieser Exkurs zum neoaristotelischen Begriff des Lebens? Mein Gedanke ist folgender: *So wie es verschiedene Formen des Lebendigseins gibt, so gibt es verschiedene Formen des Ästhetischseins*. Natürlich hat diese Analogie ein paar offensichtliche Grenzen. Bei Aristoteles ist es etwa so,[10] dass er glaubt, dass die Vermögen der menschlichen Seele diejenigen der pflanzlichen und der tierischen voraussetzen, auch wenn die jeweils höheren Vermögen nicht auf die niedrigeren aufaddiert werden, sondern ihren Sinn verwandeln. Das sollte man von verschiedenen Praxisformen des Ästhetischen sicherlich nicht sagen. Es wäre albern, zu sagen, dass die Ästhetik des Designs die Ästhetik der Kunst und die Ästhetik der Natur in einem *logischen* Sinne voraussetzen würde. Und natürlich sind entsprechende ästhetische Praxisformen anders als Formen des Lebendigseins nicht allein geschichtlich *geworden*, sondern ihr Gewordensein und ihr Werden gehen in den Sinn ihres Begriffs ein. Mit jedem gelungenen Kunstwerk ändert sich der Sinn dessen, was es überhaupt heißt, dass Kunstwerke gelingen; mit jedem ästhetisch relevanten Designgegenstand ändert sich der Sinn dessen, was es für diese Art von Gegenständen heißt, dass sie unsere Praktiken im Lichte der Zwecke, zu denen sie da sind, formen. Das kantische Bild muss nicht allein derart revidiert werden, dass das ästhetische Urteil nur in einer *Vielzahl* formal unterschiedener Praxisformen des Ästhetischen besteht, sondern auch derart, dass der *Sinn* jeder dieser Praxisformen sich mit jedem neuen Gegenstand, der in sie eingeht, verändert.

Wie bereits die letzten Bemerkungen andeuten, gehört zu der formalen Unterschiedenheit von Kunst und Design, dass die Kunst selbstgenügsame Formen hervorbringt, wohingegen das Design Gegenstände hervorbringt, die auf unsere praktischen Zwecke in der Welt bezogen sind – Plakate dienen, wenn sie nicht gerade im Museumskontext zu sehen sind, etwa der Verbreitung von Informationen für eine zumeist anonyme und doch nicht beliebige Rezipientenschaft, Gegenstände des Industriedesigns erfüllen außerhalb des Museumskontexts, der ebenfalls nicht ihr natürliches Habitat ist, ganz konkrete Funktionen in unserer Praxis. Kurz gesagt: Designgegenstände sind zu etwas da und dienen bestimmten Zwecken. Dass das, was in Designklassen an Kunsthochschulen passiert, mitunter auf den ersten Blick schwer zu unterscheiden sein mag von dem, was in benachbarten Kunstklassen passiert, konterkariert diese These nicht: Die in freien ästhetischen Projekten erworbenen Kompetenzen erhalten ihren Sinn in der Gestaltung von Gegenständen, die unsere Praxis gestalten.

Um es deutlich zu sagen: Wenn ich Kunst und Design hier im Sinne formal unterschiedener Praxisformen voneinander abgrenze, so verpflichte ich mich damit weder auf die These, dass es keine Gegenstände gebe, die sich im Feld zwischen Kunst und Design in schwieriger Weise verorten: Wenn es sich bei den grafischen Arbeiten Erik Brandts oder Patrick Thomas' um Arbeiten handelt, von denen gar nicht so ganz klar ist, ob sie Kunst oder Design sind, so sind sie dennoch darin unterschieden, dass sich in und durch beider Arbeiten diese Frage *aus der Perspektive der Tradition des Designs stellt*. Die genetische Herkunft einer Praxis könnte somit einen Unterschied für das machen, was ihr Sinn ist. Ebenso wenig habe ich mit den hier vorgestellten Überlegungen den Versuch unternommen, so etwas wie eine Definition im herkömmlichen Sinne anzubieten – denn diese könnte die Prozessualität und Dynamik von Kunst und Design immer nur als Widerlegung des Definitionsvorschlags selbst begreifen.[11] Dass in Veränderung begriffen ist, worin der *Sinn* von Kunst und Design besteht, ist also eine Lektion, die wir unterschreiben sollten. Das heißt aber eben *nicht*, dass Kunst und Design dadurch miteinander identifiziert werden sollten. Dass der Gedanke, dass Designgegenstände zu etwas da sind, durch die Tradition des Funktionalismus nicht gerade den besten Leumund hatte, heißt nicht, dass der Gedanke per se schon diskreditiert wäre. Der Gedanke aber, dass Design und Kunst eigentlich ununterschieden sind und nur zum Beispiel durch überkommene institutionelle Rahmungen auseinandergehalten werden, ist letztlich ein Gedanke, der sowohl die Kunst als auch das Design ihres jeweiligen Eigensinns beraubt: Künstler*innen würden hier in einer Karikatur der Postmoderne in ihrem Produzieren so verstanden, dass sie sich im Supermarkt der Materialien, Medien, Traditionen und Verfahrensweisen befänden und sich hier wie ein potentes neoliberales Subjekt, dem das Konto beim Einkauf nie auf null geht, nach ihrem Gusto bedienen könnten. Mit der Unterscheidung zwischen Kunst und Design geht es mir nicht darum, Praktiken theoretisch zu adeln oder abzukanzeln, sondern umgekehrt vielmehr darum, die Eigensinnigkeit verschiedener ästhetischer Praxisformen gegen ein solch neoliberales Verständnis künstlerischer Produktion – das ich hier zugegebenermaßen karikaturhaft überspitzt habe – zu verteidigen.

Schließlich einige Bemerkungen zum Begriff der Kritik (iii). Die Zweckfreiheit der Kunst und die Zweckgebundenheit des Designs sorgen meines Erachtens sowohl für einen je anderen Sinn dessen, was hier Ästhetik heißt, als auch für ein je anderes Verhältnis zur Kritik. Kunstwerke sind dahingehend zweckfrei, dass man sie jeweils nur an dem messen kann, was sie aus sich heraus etablieren. Es wäre etwa albern, die Aufzeichnung einer Improvisation von John Coltrane anhand dessen zu messen, was es heißt, dass eine Klaviersonate von Beethoven kraftvoll ist; genauso wie es albern wäre, eine Installation von Félix González-Torres anhand dessen zu messen, was es heißt, dass etwas an einer Skulptur von Rodin gelungen sein mag. Kunst etabliert ihre eigenen Evaluationskriterien dadurch, dass sie in und durch jedes kraftvolle Werk neu bestimmt, was der Sinn ihrer jeweiligen Materialien vor dem Hintergrund einer Geschichte von Künsten und Materialien ist – und damit auch neu bestimmt, was es *überhaupt heißt,* dass etwas ein Kunstwerk ist. Gute Kunstkritik ist entsprechend keine Beurteilung des Werks im Lichte der

Vorlieben der Kritiker oder irgendwelcher dubioser – oder nicht so dubioser – moralischer Maßstäbe, sondern der Versuch, dem Werk gerecht zu werden – in seinem Gelingen wie Scheitern. Einem Werk seinen Schöpfer beziehungsweise seine Schöpferin vorzuwerfen, ist banausisch. Kritisch ist Kunst entsprechend niemals deshalb, weil sie – etwa in der Abject Art, feministischer Kunst oder postanthropozäner Kunst – konkrete gesellschaftlich transgressive Inhalte ausdrückt. Auch für scheinbar gesellschaftsferne und selbstgenügsame Werke der Kunstmusik gilt: Kunst ist Kritik, weil sie durch die Etablierung eigensinniger Formen ein gegenwendiges Moment zur gesellschaftlichen Realität hervorbringt. Adorno hat von einem für jedes kraftvolle Kunstwerk charakteristischen „Formgesetz" der Kunst gesprochen[12] und damit festgehalten, dass das Werk aufgrund seiner Organisationsweise ein kritisch-gegenwendiges Potential realisiert – genauer: aufgrund seiner eigenlogischen Konstitution von Elementen, deren Sinn sich in ihrer wechselseitigen Relation, und damit ihrer wechselseitigen Konstitution, im Kontrast zu bestehenden gesellschaftlichen Praktiken artikuliert. Kunst ist, wenn sie gelingt, Kritik darin, dass sie wie ein gespenstischer Doppelgänger die gesamtgesellschaftliche Rationalität heimsucht und dadurch, wenn auch niemals im Sinne eines positiven Ausmalens, zeigt, dass es auch anders geht. Durch seine Eigensinnigkeit ermöglicht das Werk denjenigen, die es erfahren, eine Selbstthematisierung, beziehungsweise *ist* das Werk eigentlich gar nichts anderes als eine Selbstthematisierung derjenigen, die es erfahren. Im Anschluss an Kant und Hegel lässt sich sagen, dass Kunst ein *Reflexionsgeschehen* ist – und mit Adorno lässt sich präzisieren, dass ein solches Geschehen heute immer negativistisch geprägt ist. Ein Reflexionsgeschehen ist die Kunst nicht deshalb, weil sie irgendwelche Inhalte reflexiv aufgreifen würde. Sie ist ein Reflexionsgeschehen vielmehr deshalb, weil sie in und durch ihre selbstzweckhafte Organisationsweise eine Selbstthematisierung derjenigen ist, die sie erfahren.

Ich möchte dezidiert festhalten: All das ist im Design anders. Eine ästhetische Betrachtung des Designs ist nicht abtrennbar von einer ethischen Betrachtung – gerade *weil* Designgegenstände konkrete Rollen in unseren Praktiken übernehmen. Eine Ästhetik des Designs ist damit keine Ästhetik der reflexiven Selbstvergewisserung im Sinne einer kritischen Selbstdistanzierung, sondern vielmehr eine Ästhetik des Gebrauchens und Funktionierens. Das hat Konsequenzen für den Begriff des Ästhetischen mit Blick aufs Design: Designgegenstände in ihrer Besonderheit zu beurteilen, heißt nicht, sie kontemplativ anzustarren oder sich bloß an ihrem Aussehen kulinarisch zu erfreuen. Designgegenstände ästhetisch zu beurteilen, heißt, sie als je *singuläre Neubestimmungen* dessen, wozu sie da sind, im Medium von Prozessen der Formgebung zu begreifen. Durch ihren Bezug auf handgreifliche Zwecke treten im Design anders als in der Kunst Ästhetik und Kritik auseinander: Sind Designgegenstände keine Gegenstände, die im Medium der eigenlogischen Form einer Reflexion unserer selbst dienen, sondern die Zwecken in unserer Praxis dienen, so bedürfen die Zwecke wie die Art und Weise, im Rahmen derer sie durch Designgegenstände geformt werden, der ethischen Kritik. Dabei muss man offensichtlich den Fall, dass man das, *wozu* ein Designgegenstand da ist – etwa Töten –, ethisch für problematisch hält, von dem Fall unterscheiden, dass man die Art und Weise, *wie* ein Designgegenstand das, wozu er da ist, gestaltet, für problematisch hält. So können Bluejeans nachhaltig hergestellt werden oder nicht, so können Plakate im öffentlichen Raum demagogischen oder Informationszwecken dienen.

Es hängt hier nichts an den *Worten*. Es hängt vielmehr an den *Begriffen*. Künstler*innen und Designer*innen sind somit keineswegs allein schon deshalb Künstler*innen und Designer*innen, weil sie sich so nennen. Sie sind vielmehr entweder Künstler*innen oder Designer*innen oder Künstler*innen und Designer*innen, weil sie in Praktiken involviert sind, in denen das Ästhetische und Ethische einen formal je anderen Sinn gewinnt. So wie man einem Künstler beziehungsweise einer Künstlerin vorwerfen muss, dass sie oder er glaubt, durch ihre Kunst die soziale Welt zu verbessern, so muss man einem Designer beziehungsweise einer Designerin vorwerfen, dass sie oder er nicht glaubt, immer schon die soziale Welt durch das Gestalten mitzugestalten.[13] Wenn meine bisherigen Überlegungen überzeugend waren, gilt damit: *Kunst ist Kritik, Design bedarf der Kritik*.

Um diese Überlegungen noch einmal zusammenzufassen: Kunst ist deshalb Kritik, weil ihre Werke dann, wenn sie eine je eigene Kraft entwickeln, immer eine

Gegen-Rationalität gegenüber der gesellschaftlichen Realität darstellen. Gegen ihre Warenförmigkeit, Verwertungslogik und die Omnipräsenz instrumenteller Rationalität protestiert die Kunst schon qua ihrer Existenz: Einerseits ist sie hochgradig rational im Sinne einer Durchbildung ihrer – wie immer brüchigen, performativen und ephemeren – Formen. Andererseits ist sie hochgradig irrational, da sie keinen außerhalb ihrer liegenden Zwecken gehorcht. Die Unterscheidung zwischen Kunst als bloßer Verlängerung sozialpolitischer Projekte und Kunst als kritischer Reflexion in und durch die eigene Form des Projektcharakters solcher Projekte ist ebenso ein Unterschied ums Ganze wie die Unterscheidung zwischen Kunst als bloßer Fortsetzung sozialer Relationen und Kunst als kritischer Reformulierung derselben; gelingt ihr keine entsprechende eigenlogische Konstitution, ist sie nicht Kunst, sondern Ideologie. Design hingegen bedarf der Kritik, da Design auf praktische Zwecke in unseren alltäglichen wie außeralltäglichen Praktiken bezogen ist. Design drückt diese Zwecke nicht allein aus, sondern formt sie vielmehr derart, dass durch die Art und Weise der Gestaltung unsere Praktiken einen je spezifischen Sinn erhalten. Unter Rückgriff auf die Sprache Heideggers kann man sagen: Design ist eine *ästhetische Form praktischer Welterschließung* – und das heißt auch: Design ist – heute – ein konstitutives Moment dessen, was unsere Welt zu einer menschlichen Welt macht.

II. Social Design als Ideologie oder als emanzipatorische Praxis

Wenn Design eine ästhetische Form der praktischen Welterschließung ist und durch die Erarbeitung von Gegenständen nicht allein diese Gegenstände erarbeitet werden, sondern zugleich das, wozu sie da sind, so gestaltet es die gesamte soziale Praxis mit, beziehungsweise genauer: *Social Design macht die soziale Praxis selbst zu einem gestaltbaren Gegenstand*. Das Soziale steht natürlich auch schon seit längerer Zeit im Fokus der Kunstpraxis.[14] Die Art und Weise der Verhandlung des Sozialen unterscheidet sich meines Erachtens aber in partizipativer Kunst und Social Design markant: Während im Social Design der Versuch jeweils lokaler Antworten auf die Frage, wie unsere Lebensform zu gestalten sei, nicht zuletzt dadurch im Zentrum steht, dass die von Designentscheidungen Betroffenen involviert werden, stellt partizipative Kunst in ihren Antworten immer auch die Frage, was es überhaupt heißt, dass wir soziale Wesen sind. Anke Haarmann hat entsprechend zu Recht darauf insistiert, dass die

Aushandlung des Sozialen im Social Design nicht mit der reflexiven Thematisierung des Sozialen in den Praktiken der jüngeren Kunstentwicklung verwechselt werden darf: „Mit dem Social Design ist eine Überkreuzung von Design und Sozialem adressiert, bei der es wesentlich auch um die Bedürfnisse der Menschen als Konsumenten geht. [...] [D]er partizipative Rezipient einer sozialen Ästhetik wird zum partizipativen Konsumenten im Social Design."[15] Die Übersetzung des Partizipativen ins Design lässt die Begriffe nicht so, wie sie sind – und geschieht auch in Teilen der Theorie manchmal weniger im Namen einer Adressierung von Fragen der Politik und Kritik des Designs als vielmehr selbst als politisch-performative Geste. Entsprechend gibt es nicht allein „Social Washing", sondern auch „Theorywashing": Theorie droht hier zu einer letztlich politischen Apologie von Designentwicklungen zu verkommen, die ihren emanzipatorischen Anspruch nur vorschieben und in Wahrheit eine Verlängerung spätkapitalistischer Machtverhältnisse sind. Zumindest scheint mir im Social Design anders als in kraftvollen Neuverhandlungen der partizipativen Kunst eine solche pessimistische Deutung nicht im Vorhinein ausschließbar zu sein.

Claudia Banz schreibt in der Einführung zu ihrem Band zum Thema: „In noch viel stärkerem Maße als die politische Kunst versucht aktivistisches oder soziales Design, die Defizite des politischen Engagements zu füllen, in die Lücken zu treten, die der Staat oder die Regierung beim stetigen Rückzug aus der sozialen Verantwortung für die Gesellschaft, für die Bürger hinterlässt."[16] Obwohl sie die Gefahr sieht, dass Social Design, wie sie sagt, trotz des Anspruchs auf Widerständigkeit bloß affirmativ sein kann, geht sie der darin investierten Dialektik nicht konsequent genug auf den Grund. Es ist kein rhetorischer Taschenspielertrick, wenn man festhält, dass *jede* kritische Dimension des Designs, sofern es in diese

„Lücken" tritt, *per se* affirmativ darin ist, dass es den Status quo anerkennt. So wie bestimmte, unter dem Namen „partizipative Kunst" firmierende Projekte zu Recht im Verdacht stehen, durch ihr Einspringen an den Stellen, wo der Sozialstaat sich zurückgezogen hat, just diesen Rückzug anzuerkennen und *durch ihr Handeln zu rechtfertigen*, so ist Social Design dort, wo es gesellschaftliche Defekte in zugleich sichtbarer – und damit politisch instrumentalisierbarer – wie geräuschloser Weise behebt, indem es die Beteiligten in den Prozess involviert, derart affirmativ, dass es das, was es zu beheben trachtet, immer schon anerkannt hat. Kunst, die sich vor den Karren einer Sozialpolitik spannen lässt, ohne in und durch ihr Handeln zugleich die Frage zu stellen, was das Künstlerische und das Politische überhaupt ist und was sie trennt, ist nicht länger Kunst. Social Design aber, das die politisch prekäre Situation dadurch rechtfertigt, dass es die Ärmel hochkrempelt und sie zu beheben versucht, hört gerade *nicht* auf, Design zu sein. Claudia Banz' Überlegung, dass „der Designer als politischer Entscheider, der politische Entscheider als Designer" gelten könnte,[17] scheint mir weniger einen wünschenswerten Zustand zu benennen als etwas, vor dem wir uns hüten sollten. Im Design ist *jede* Widerständigkeit dahingehend immer auch affirmativ, dass sie etwas als ihr Gegenüber braucht, im Verhältnis zu dem sie sich als widerständig profiliert – und es just dadurch als ihr anderes immer schon anerkannt hat. In den letztlich noch im Abarbeiten an konkreten sozialen Problemen und Fragen bestehenden Werken der partizipativen Kunst droht diese Gefahr nicht gleichermaßen, weil in ihren ästhetisch tatsächlich relevanten Gestalten eine Widerständigkeit just dadurch erzeugt wird, dass sie sich gegenüber der politischen Situation *unbestimmt* machen; in einer Zweckentfremdung einer Stelle aus Adornos *Ästhetischer Theorie* könnte man sagen: „Zweck des Kunstwerks ist die Bestimmtheit des

Unbestimmten."[18] Ich verstehe die Projekte der partizipativen Kunst so, dass sie in ihren Formen sozialer Interaktion zugleich im Medium der besonderen sich ergebenden Situationen die Frage an die Partizipierenden stellen, was das Soziale überhaupt ist – und zumeist auch die Frage, was das, was hier geschieht, überhaupt sein mag. Die partizipative Kunst ist, wenn an ihr etwas gelingen mag, nicht einfach Sozialpolitik mit anderen Mitteln. Und das scheint mir gerade durch den dahingehend affirmativen Zug des Social Design, dass es immer schon *Antworten* auf konkrete Probleme zu finden sucht, kategorial ganz anders gelagert zu sein.

Aus einer problemgeschichtlichen Perspektive ließe sich Social Design als Kritik an Entwürfen des Bauhauses und Ulms verständlich machen. In beiden wurde die soziale Praxis und damit das Soziale gewissermaßen vom Reißbrett aus entworfen und über die Köpfe derjenigen hinweg umgesetzt, die davon betroffen waren;[19] die Entscheidungsprozesse wurden „top-down" und nicht „bottom-up" angesetzt. Wenn ich recht sehe, unterscheidet sich das, was unter dem Lemma „Social Design" diskutiert wird, von diesen Projekten vor allem durch den Gedanken, dass die Lösung unter Beteiligung derjenigen, die von ihr betroffen sind, zustande kommen muss und dass die Lösungen damit immer nur lokale sein können, die keinen Anspruch auf Verallgemeinerbarkeit stellen. Nicht über den Kopf der Beteiligten hinweg, sondern unter dialogischer Einbeziehung derjenigen, die von ihnen betroffen sind, sollen gestalterische Lösungen hervorgebracht werden. Der Designer wird damit von einem Demiurgen zu einem Diskursteilnehmer beziehungsweise einer Diskursteilnehmerin transformiert – oder zu jemandem, der oder die ermöglicht, Design für die eigene Lebensführung zu gebrauchen und sich von ihm diese nicht diktieren zu lassen. Ist das „Soziale" in den großen Entwürfen des Bauhauses wie Ulms noch eine Neuformung der Gesellschaft aus dem Geiste der Gestaltung, so hat sich das Social Design von diesen Allmachtsphantasien verabschiedet und geht praxeologisch in konkrete und oftmals partikulare Kontexte, um dort gezielt Lösungen unter Einbeziehung der von ihnen Betroffenen herbeizuführen; die Frage, ob diese lokalen Praktiken, die dem Anspruch nach „Formen einer neuen, nachhaltigeren Gesellschaft" sind, es „aus dem Stadium der Graswurzelbewegung ins Parlament schaffen",[20] scheint mir deshalb die falsche Frage zu sein: Wenn Social Design sich derart phantasmatisch – aber dem Anspruch nach eben doch nicht länger „prometheisch"[21] – zu einer neuen Leitkultur der politischen wie sozialen Praxis aufschwingt, so wird es trotz seiner Bezogenheit auf partikulare Kontexte letztlich zu einer uniformen Sozialtechnologie und damit ununterscheidbar von dem, was es kritisiert: Es wird zu einer allgemeinen Methode entgrenzt, die auch dann, wenn sie sich dem Anspruch nach auf besondere

Kontexte ihrer Anwendung einlassen möchte, diese doch noch wieder als bloßen Fall eines Allgemeinen behandelt.

Zu den Kernproblemen des Social Design scheint mir aber nicht allein die Frage nach dem Verhältnis von Besonderem und Allgemeinem zu gehören, sondern der durchaus als ideologisch zu bezeichnende Gedanke, dass eine bottom-up verfahrende und dabei partizipative Gestaltung *per se* einer Top-down-Gestaltung überlegen sei. Die Analogie ist sicher etwas schief, aber: Subkultur und Punk sind nicht per se schon arrivierter klassischer Musik und ausgefeilten Jazzimprovisationen nur deshalb überlegen, weil hier vielleicht ein demokratischerer Geist herrscht, was die Frage angeht, wer überhaupt Musik „richtig" spielen kann, und wer nicht. Wie Judith Butler in ihrem jüngsten Buch treffend festgehalten hat,[22] können je nach Kontext öffentliche politische Versammlungen gerade dadurch ihre besondere Kraft entfalten, dass sie mit einer bestimmten medialen Bilderpolitik verbunden und damit von ihren kontingenten Ursprüngen ins Allgemeine verwandelt werden. In anderen Kontexten freilich kann diese Verwandlung sich als Usurpation enthüllen: Der im einen Fall legitime Protest gegen politische Ungleichheit kann, wenn er abstrakt und ohne Sensitivität für die Besonderheit der Situation verallgemeinert wird, auch das Gegenteil von dem werden, was er war – nämlich selbst die Verhinderung politischer Teilhabe.

Ich möchte abschließend neben den genannten Herausforderungen für das Social Design auf einen Aspekt der Dialektik dieses Begriffs zu sprechen kommen, der mir ganz zentral zu sein scheint: das Oszillieren des Begriffs des Social Design zwischen einer *Norm* und einem *Verfahren*. Denn Social Design meint sowohl eine *Art und Weise,* die Praxis des Designs zu vollziehen, wie derselbe Begriff ein *inhaltliches Ziel* dieser

Praxis meint. Dieser Punkt ist keineswegs eine Feststellung über ein zufälliges oder nebensächliches Moment des Social Design: Gerade *weil* der Begriff des „Sozialen" im Social Design *zugleich* ein normativer wie ein prozeduraler Begriff ist – also sowohl einen *besonderen Wert* dieses Designs anzeigt wie das, *was* hier designt wird –, gilt, dass beide Seiten dieser Bestimmung im Social Design *notwendigerweise* auseinanderfallen.

Um diesen Gedanken zu erläutern, lässt sich Folgendes zur Dialektik von Normativität und Prozeduralität im Social Design sagen: Auf einer *rein prozeduralen Ebene*, nämlich auf der Ebene der anderen Form des Social Design gegenüber klassischen Formen des Designs, lässt es sich *keineswegs* als emanzipatorisch verständlich machen. Nicht allein ist unklar, warum Designentscheidungen, die durch Einbindung derjenigen gekennzeichnet sind, die von ihnen betroffen sind, prinzipiell solchen überlegen sein sollten,

bei denen das nicht der Fall ist. Konsumenten und Konsumentinnen entscheiden nur selten im Sinne dessen, was gut ist – und ebenso häufig nicht im Sinne dessen, was *für sie* gut ist. Dem paternalistischen Zug von Bauhaus und Ulm entspricht auf der Seite der Prozeduralität des Social Design ein positivistischer Zug, bei dem die Gefahr droht, dass die Güte der Designentscheidungen eben *nur noch* über die Verfahrensebene gerechtfertigt werden kann. Das Problem lässt sich nicht dadurch lösen,
dass man die normative Ebene des Begriffs „Social Design" noch zusätzlich zu berücksichtigen versucht. Man kann nicht sagen: Man ergänzt die prozedurale Ebene des Social Design um eine inhaltliche Ebene – dass dieses Social Design eben um der richtigen Sache oder Werte willen geschehe. Um der richtigen Sache oder Werte willen sind nämlich schon sehr grauenhafte Dinge geschehen – und auch auf grauenhafte Weise. Wenn man die prozedurale Seite des Social Design um eine solche normative

ergänzen würde, ließe sich immer die Rückfrage stellen: Wie hängen hier eigentlich beide Seiten zusammen? Meine Diagnose lautet wie folgt: Das Problem des Social Design ist, dass es seine formale und seine inhaltliche, sprich seine prozedurale und seine normative Seite nicht bruchlos zusammenbekommt beziehungsweise nicht in einer *notwendigen Einheit* zusammenbekommt. *Das Verfahren kommt dem Inhalt in die Quere, der Inhalt dem Verfahren.* Das Gute, das das Social Design in die Welt bringen will, darf kein rein *formal* bestimmtes Gutes, bestimmt allein durch die Art und Weise, wie es in die Welt kommt, sein.[23] Denn dann würde es letztlich nur durch das Verfahren gesichert und damit ununterscheidbar vom Bösen. Das Gute darf auf der anderen Seite aber auch nicht so gedacht werden, dass das Verfahren, durch das es verwirklicht wird, ihm äußerlich wäre. Denn dann könnte man ja schon wissen, was es wäre, bevor es in und durch den Prozess ausgehandelt würde. Dennoch darf das in und durch soziale Praktiken Realisierte offensichtlich nicht *irgendetwas* sein – denn zweifelsohne könnten auf rein prozeduralem Wege auch rassistische, patriarchale, umweltethisch problematische Lösungen und so fort entstehen.

Meine These ist, dass die Spannung oder gar die Unmöglichkeit, zwischen Normativem und Prozeduralem zu vermitteln, dem Social Design nicht von außen zustößt, noch allein seine weniger gelungenen Ausprägungen charakterisiert. Es ist kein Zufall, dass lokale Praktiken hier immer schon in Gefahr sind, von monetären Verwertungsprinzipien usurpiert zu werden – und diese Gefahr ist nichts, dem das Social Design derart entkommen könnte, dass es einen Vorschlag machen könnte, durch den es dann immer schon auf der richtigen Seite wäre. Das Verfahren selbst sichert nicht die richtige Antwort. Während es die Stärke wie Schwäche der Kunst ist, dass sie sich überhaupt einer Antwort in diesem Register

verweigert, ist das Problem des Social Design, dass es gewissermaßen eine Schlagseite auf der Verfahrensebene hat. Wie könnte es dieses Problem überwinden?
Es könnte dieses Problem meines Erachtens nur dann überwinden, wenn es sich nicht länger immer schon auf der richtigen Seite wähnt, sobald erfreuliche partizipative Interaktionen zustande kommen. Der Aushandlungscharakter, den das Social Design völlig zu Recht an den Anfang setzt, müsste vielmehr dahingehend radikalisiert werden, dass *es sich selbst zur Disposition stellen müsste*. Das Soziale als eine normative Kategorie, als etwas, das ein wesentlicher Baustein ist hinsichtlich der Frage, wie wir leben wollen, ist etwas, das sich gerade nicht designen lässt – und dass sich ein paar Menschen besser fühlen oder besser mitgenommen fühlen, spricht zunächst überhaupt nicht für das Social Design, wenn es zugleich so ist, dass diese Menschen immer mehr der Prekarität anheimgegeben werden. Um eine Wendung von Marx abzuwandeln,

droht Social Design trotz oder vielleicht gerade wegen seiner handgreiflichen Gestaltung sozialer Praktiken, Opium fürs Volk zu sein. Social Design, das seinem Anspruch tatsächlich gerecht würde, müsste sich in die Lage versetzen, *das in den Blick zu nehmen, was gerade nicht länger Design ist*. Oder anders gesagt: Wenn Social Design die soziale Praxis selbst zu einem gestaltbaren Gegenstand macht, so wäre es dann tatsächlich in einem emphatischen Sinne „sozial", *wenn in ihm das gerade nicht gestaltbare Moment dieser Praktiken aufscheinen würde*. Eine kritische Theorie des Designs – und vielleicht sind die hier vorgestellten Überlegungen ein erster Baustein für dieselbe –, die einen Begriff des „Sozialen" im „Social Design" tatsächlich entwickeln würde, bestünde darin, das negativistische Moment des Begriffs des Sozialen, das Moment, das wir gerade nicht länger in unserem Machen und Vermögen zu gestalten in der Lage sind, gegenüber seinen positiven wie positivistischen Besetzungen zu artikulieren. In der Tatsache, dass Social Design niemals – in einem temporalen wie einem logischen Sinne – *vor* seiner Realisation sicher sein kann, auf der richtigen Seite gewesen zu sein, drückt sich damit nicht allein ein *notwendiges* Moment des Social Design aus, das seinen Anspruch immer schon konterkariert. Es drückt sich darin vielmehr auch ein *produktives* Moment aus: Die Dialektik zwischen Norm und Verfahren, die das Social Design kennzeichnet, fordert uns auf, mit Social Design über Social Design hinauszugehen und über Arten und Weisen des Designs nachzudenken, die Social Design als ihre Vorstufe kennen würden, aber es selbst nicht länger wären. Wie ein solches Post-Social Design aussehen könnte und ob es überhaupt noch ein Design wäre, ist eine offene Frage.

[1] Ausführlich habe ich die Hintergründe dieser Überlegungen entwickelt mit: Daniel M. Feige, *Design. Eine philosophische Analyse,* Berlin: Suhrkamp 2018, v. a. Kapitel 4.

[2] Das gilt etwa für den Offenbacher Ansatz eines erweiterten Funktionalismus, wenn er von „formalästhetischen Funktionen" von Designgegenständen spricht. Vgl. dazu Dagmar Steffen (Hg.), *Design als Produktsprache. Der „Offenbacher Ansatz" in Theorie und Praxis,* Frankfurt am Main: Form 2000, u. a. S. 34 ff.

[3] Vgl. in diesem Sinne auch, wenn freilich vor dem Hintergrund einer durchaus verschiedenen kunsttheoretischen Agenda: Arthur C. Danto, *Die Verklärung des Gewöhnlichen. Eine Philosophie der Kunst,* Frankfurt am Main: Suhrkamp 1981, v. a. Kapitel 4; Peter Osborne, *Anywhere or Not at All. Philosophy of Contemporary Art,* London und New York: Verso 2013, v. a. Kapitel 2.

[4] Vgl. dazu Kants Analytik des Schönen: Immanuel Kant, *Kritik der Urteilskraft,* Frankfurt am Main: Suhrkamp 1974, S. 115 ff.

[5] Dieses Problem ist auch deutlich in Jane Forseys verdienstvollem Versuch zu sehen, den kantischen Begriff der „anhängenden Schönheit" für eine Ästhetik des Designs fruchtbar zu machen. Vgl. Jane Forsey, *The Aesthetics of Design,* Oxford: Oxford University Press 2013.

[6] Ein entsprechendes dialektisches Manöver vollzieht Hegel bereits in der Einleitung seiner Logik, wenn er festhält, dass wir nicht „Sein" und „Nichts" differenzieren können, ohne einen kategorial höheren Begriff, nämlich „Werden", in Anschlag zu bringen. Wenn „Sein" vollkommen rein sein soll, so ist es nämlich „Nichts"; wenn „Nichts" vollkommen rein sein soll, so ist es nämlich „Sein". Vgl. G. W. F. Hegel, *Wissenschaft der Logik,* Frankfurt am Main: Suhrkamp 1986 (= Band 1), S. 82 ff.

[7] In seiner Ästhetik macht Hegel deutlich, dass eine Philosophie der Kunst so verstanden werden muss, dass sie in angemessener Weise Bezug nimmt auf die historische Entwicklung von Kunst. Begriffliche Explikationen des Kunstbegriffs ohne kunstgeschichtliches Wissen sind leer – aber kunstgeschichtliches Wissen ohne eine begriffliche Explikation des Kunstbegriffs ist blind. Vgl. in diesem Geiste etwa die Einleitung von G. W. F. Hegel, *Vorlesungen über die Ästhetik,* Frankfurt am Main: Suhrkamp 1986 (= Band 1), S. 11-124.

[8] Matthew Boyle, „Wesentlich vernünftige Tiere", in: Andrea Kern und Christian Kietzmann (Hg.), *Selbstbewusstes Leben. Texte zu einer transformativen Theorie der menschlichen Subjektivität,* Berlin: Suhrkamp 2017, S. 78–119, hier: S. 97.

[9] Ebd., S. 99.

[10] Vgl. v. a. Aristoteles, *Über die Seele,* Hamburg: Meiner 1995, S. 73 ff.

[11] Vgl. dazu ausführlicher Daniel M. Feige, *Computerspiele. Eine Ästhetik,* Berlin: Suhrkamp 2015, Kapitel 2.

[12] Vgl. u. a. Theodor W. Adorno, *Ästhetische Theorie,* Frankfurt am Main: Suhrkamp 1973, S. 205 ff.

[13] Vgl. dazu als klassischen Beitrag Lucius Burckhardt, „Design ist unsichtbar", in: ders., *Design heißt Entwurf,* Hamburg: Adocs 2012 (= Studienhefte Problemorientiertes Design #3), S. 16–21.

[14] Vgl. zu diesen Entwicklungen auch die instruktive Rekonstruktion von Juliane Rebentisch: Juliane Rebentisch, *Theorien der Gegenwartskunst zur Einführung,* Hamburg: Junius 2015, v. a. Kapitel 2.

[15] Anke Haarmann, „Zu einer kritischen Theorie des Social Design", in: Julia-Constance Dissel (Hg.), *Design & Philosophie. Schnittstellen und Wahlverwandtschaften,* Bielefeld: Transcript 2016, S. 75–88, hier: S. 81.

[16] Claudia Banz, „Zwischen Widerstand und Affirmation. Zur wachsenden Verzahnung von Design und Politik", in: dies. (Hg.), *Social Design. Gestalten für die Transformation der Gesellschaft,* Bielefeld: Transcript 2016, S. 11–26, hier: S. 15.

[17] Ebd., S. 23.

[18] Theodor W. Adorno, *Ästhetische Theorie,* a. a. O., S. 188.

[19] Vgl. dazu auch Karl H. Hörning, „Praxis und Ästhetik. Das Ding im Fadenkreuz sozialer und kultureller Praktiken", in: Stephan Moebius und Sophia Prinz (Hg.), *Das Design der Gesellschaft. Zur Kultursoziologie des*

Designs, Bielefeld: Transcript 2012, S. 29–47, hier: S. 29 ff.

[20] Claudia Banz, „Zwischen Widerstand und Affirmation", a. a. O., S. 24.

[21] Bruno Latour, „A Cautious Prometheus? A Few Steps Toward a Philosophy of Design (with Special Attention to Peter Sloterdijk)", in: Jonathan Glynne, Fiona Hackney und Viv Minton (Hg.), *Networks of Design. Proceedings of the 2008 Annual International Conference of the Design History Society (UK)*, Boca Raton: Universal Publishers 2009, S. 2–10.

[22] Vgl. Judith Butler, *Anmerkungen zu einer performativen Theorie der Versammlung*, Berlin: Suhrkamp 2016, etwa S. 122 ff.

[23] Hegel hat die Probleme eines solchermaßen formalistischen Verständnisses normativer Orientierungen argumentativ zurückgewiesen und gezeigt, dass sie das

Gegenteil dessen produzieren, was sie eigentlich zu produzieren intendieren; vgl. etwa G. W. F. Hegel, *Phänomenologie des Geistes,* Frankfurt am Main: Suhrkamp 1986, S. 311 ff.